AF607761

A la izquierda del padre

Primera edición: julio 2024

info@preguntaediciones.com
www.preguntaediciones.com

Ilustración de cubierta: Raquel Marín
ISBN: 978-84-19766-38-0
Depósito legal: Z-506-2024

Printed in Spain. Impreso en España por Estilo Estugraf Impresores

Begoña Abad

A la izquierda del padre

Prólogo de Miriam Reyes

PREGUNTA

Pequeña carta de compañía

Si quieres puedes hablar de amor en lugar de hablar de poesía, dijiste. Como si se pudiese separar en lo que escribes, la poesía, del amor; y pudiera hablar del amor que te impulsa sin decir que también impulsa tus versos. O como si pudiese hablar del amor que nos reúne aquí sin mencionar la poesía que nos reunió por primera vez, hace casi una década, en aquel feliz encuentro de nacidas a la izquierda del padre. Para mí no tendría sentido separar tu poesía de tu manera de vivir, que es siempre un vivir amando y escribiendo desde ese amor, consciente y voluntariamente.

Te mueves con libertad en tu vida y en tus versos. Te gusta saberte inclasificable, orgullosa de esa libertad —conquistada, no regalada—

y reacia a las etiquetas, por más bonitas que algunas puedan llegar a ser. Así, bien desetiquetada y fuera de todo compartimento estanco, en los poemas breves que abren y cierran este libro, condensas tu poética vital. En ellos veo directas declaraciones de principios cuando, por ejemplo, reivindicas una sabiduría no académica, libre de jerarquías («No hace falta ilustración / para saber lo que es justo»), o ensalzas la heroicidad que reside en la voluntad de ser feliz («Era mi héroe favorito, / cada día hacía lo posible / para ser feliz»).

Criticas el pensamiento androcéntrico y la ética capitalista porque marginan y explotan, van en contra del tipo de amor que tú practicas, que integra y reparte con generosidad. «La perversión consiste / en convencernos de que la bondad / equivale a la estupidez», escribes, y no te importan lo más mínimo las consecuencias que puedan derivarse de haber escogido el camino opuesto a la usura y el cinismo. En este sentido, veo reflejada tu postura —tanto vital como política— en poemas como «Vivir con amor / mi divina insignificancia, / en eso consiste la felicidad». O en aquellos que hablan de los excluidos, los marginados, los más golpeados por el sistema de poder y sus perversiones, desde «el dolor del amor a los demás, herido», y no desde la rabia. Porque el único vaho capaz de empañar tu felicidad es el dolor de los otros, ante el que nunca cierras los ojos.

Elegir ser feliz, elegir amar, no es fácil, requiere coraje; y mantenerse en ese camino exige gran fuerza de voluntad y tesón. Como elegir seguir escribiendo. Aunque tú lo haces parecer sencillo cuando dices: «Todavía me es dado el don de escoger, / tomar apuntes de las cosas de la vida». Pero tu poética vital va más allá, tú propones una manera de vivir en la que el amor al prójimo dicte nuestro sentido de la justicia, y el amor a nosotros mismos nos impida dejarnos maltratar. Como eres justa quieres que todos tengan lo mismo que tienes tú. Como eres generosa quieres compartirlo, que todos puedan alcanzar la meta que tú has alcanzado: «la maravilla de saber / que donde ya estoy / es justo donde quería llegar».

Y viéndote allí, esta breve carta abierta llega también adonde quería llegar: al lugar del agradecimiento. Cuando antes de callar te doy las gracias, querida Begoña, por construir incansablemente espacios de acogida y consuelo.

Miriam Reyes

Nuestra necesidad de consuelo es insaciable.
Stig Dagerman

Nada real debería ser humillado.
María Zambrano

No es sólo que cada persona cuente: cada pensamiento cuenta, cada sensación cuenta, cada emoción cuenta, cada diálogo cuenta, cada encuentro cuenta. Y la suma de todas esas cuentas es a la vez cero e infinito.

Quizá todo esté ya perdido, y lo único aún a nuestro alcance sea la libertad estoica de no comulgar con ruedas de molino. Pero ésa, al menos, no nos la dejemos arrebatar.

Estamos en derrota, nunca en doma, decía Claudio Rodríguez.

Jorge Riechmann

Era mi héroe favorito,
cada día hacía lo posible
para ser feliz.

Se desliza la niebla,
nada inquieta
su paso silencioso.

Contemplo el paisaje,
respiro su olor,
soy una de sus hojas.

Todavía me es dado el don de escoger,
tomar apuntes de las cosas de la vida.

No hace falta ilustración
para saber lo que es justo.

La cuchara

Hablar de la cuchara
humilde en los cajones
no sirve, me dices, para un poema
y yo sonrío, vieja ya de todo,
no discuto, no contradigo...
La cuchara con la que crié a mis hijos,
la que llevas a tu boca cada día con suerte,
la que tu madre usaba los días festivos,
la que hacía música sobre el cristal de las copas,
la que con su frío aplacaba el dolor de tus
chichones,
la de peltre, de mi abuela y de la suya
que me dan sopas con honda
cuando me crezco, sabihonda,
y olvido el humilde valor de la cuchara
y de mi origen.

Desobedecer

Desobedecer
con la terca humildad del que no tiene
argumento intelectual que lo defienda
pero tiene el sentido primitivo de lo justo.
Desobedecía, así, desde niña
cuando no creía que los padres
tuvieran siempre razón,
ni que las sotanas fueran palabra de Dios.
Desobedecía cuando me hablaban
de la verdad mintiendo,
cuando predicaban pero no daban trigo
y cuando me decían que obedecer era amar
pero yo ya intuía que amar era otra cosa
que agachar la cabeza para esperar el golpe.
Cuando escuchaba mi nombre
nunca dije «servidora».

Homenaje a Szymborska

¿Dónde estaba yo
cuando Szymborska escribía
su *Contribución a la estadística*?
Probablemente zurcía calcetines,
ponía rodilleras a los pantalones de mis hijos
o lloraba, sin aparente motivo,
al terminar la jornada.
Nadie me hubiera entendido y yo no sabía aún
que la mano de ella escribía
poemas que hablaban de mí.
Yo era entonces *una del montón*,
una de las *inseguras*,
de las *encorvadas, doloridas*
y *sin linterna en lo oscuro*,
pero ya era, decididamente,
una de las *veintitantas capaces de ser felices*
y de las *noventa y nueve*
dignas de compasión.
Ahí sigo.

Si camino hacia dentro de mí
nunca veo el final de los senderos,
al contrario, se abren a cientos
como las venas de mi cuerpo
dándome más vida.
De todos los caminos,
sin embargo, conozco la meta:
es la luz,
transparencia inequívoca
que me permite avanzar
aun consciente de mi ceguera.

Asisto con estupor, entre almohadones,
a un tiempo desterrado de cordura,
a una desnaturalizada madre
que, siempre nos dijeron, era la patria,
que aborta, una y mil veces,
decenas de criaturas desamparadas
en medio de un desierto de nadie.

Asisto impotente, incrédula, al espanto
de seres que nadie reclama,
de seres que caminan y lloran,
desesperados hijos de nadie.

Permanezco en mi cómoda butaca
incapaz de hacerlos desaparecer,
también yo, de mi existencia,
a golpe de mando a distancia.

El dolor del amor propio herido
levanta trincheras.

El dolor del amor a los demás, herido,
las derriba.

Prohibiciones

Me prohibieron pensar
pero olvidaron prohibirme sentir.
Soy, desde entonces,
solamente un ser sintiente.
No saben el peligro que eso supone
para los que se empeñan
en volver a prohibirnos que pensemos...

Elecciones

Mi madre no entiende de política
y me pregunta, preocupada,
¿qué hay que votar?
Ella, explica sencillamente,
quiere votar para que los ricos
no roben a los pobres para hacerse más ricos,
votar para que nadie pase hambre
ni tenga que aceptar un trabajo como esclavo.
Para que no vuelva lo de antes, eso dice.

El uno por ciento
de mi poder de decisión en la vida,
ése es del que pueden
pedirme responsabilidad.
Ahora me ocuparé
de salvar una hormiga alada
de morir ahogada en un charco.

El mundo me crece
por los cuatro costados
como una tumoración,
se extiende a mi alrededor
y voy haciéndome pequeña.
Ando rodeada de poetas,
pequeñas partículas de un lugar
que debe parecer, desde muy lejos,
un puntito azul.

Es cierto, no lo había pensado,
la poesía sirve para hablar de dolor
sin tirárselo a la cara al que te lee.
Para camuflar una herida,
para acercarse a eso que llaman felicidad,
de puntillas, con una excusa.
Por eso lloro poco
y escribo mucho.

El poema no se despega del hueso
y cada mañana el buitre feroz lo picotea
buscando alimento seguro.
Cuando cae la tarde
despega el vuelo a los lugares comunes
donde siempre acampa,
a la vulgaridad de la misma cima
donde otear más cadáveres
en mitad de una llamada estéril.
El río camina solo y seco
y algunas madrugadas frías
parece que nunca fuera a amanecer,
como si el sol tampoco se despegara
de la espina dorsal del universo.

La carrera de poeta la hice sin saberlo
en la universidad de vivir.
No tengo ni idea de la nota
que obtuve en su momento
y hoy tampoco sé si aprobaré.
El resultado es raro, eso sí,
me nacen besos con hayas dentro
y ando plantándolos por la noche,
casi a escondidas,
para evitar ser detenida por loca.

Este empeño mío
de nacer cada mañana
me costará caro.
El mundo no soporta,
así como así,
que alguien se resista
a unirse a los adultos,
a los que dicen saber más,
a los que dirigen mejor,
a los que medran,
a los que pueden.
No soporta
a alguien que se resista
a esa especie de muerte
que ellos llaman vida.

Me vendría bien abrirme las venas,
pero no tengo valor.
No me explico cómo lo tengo
para ir pisando cadáveres
sobre los que se levanta
el estado de «bienestar»
en el que sigo viviendo
soñando que soy feliz.

No nos dejan ser libres
nos permiten elegir, sólo eso,
entre dos medias verdades,
entre dos mentiras dulces.
Nos hacen creer que contamos
pero no hay nada que contar,
todo está sorteado y vendido
a alguien que no entra en el sorteo.
Por eso algunos pintan las paredes
con frases de impotencia roja
y otros escribimos poemas.

Me levanto y agradezco la ducha,
por eso uso un poco menos de agua,
es mi oferta diaria a los que no la tienen.
Me siento en mi mesa
y agradezco el pan de cada día,
por eso freno mi apetito,
es mi contribución en el reparto más justo.
Me acerco a mi trabajo como si fuera un templo,
en él mantengo la conciencia de mi fortuna,
por los que lo buscan desesperadamente.
Cuando anochece me doy cuenta
de que todo lo hago
para ahorrarme un par de diazepanes,
no me engaño...

Un hombre es sólo
un hombre solo.
Dos hombres son
sólo un hombre,
sólo.

No será la piedad, nunca lo ha sido,
lo que hará moverse a los poderosos
de sus posiciones.
Ellos saben que sin obreros
no hay imperio posible,
eso sí les hará moverse.

En 1895 nació mi abuelo,
trabajó para el amo por la comida
y un par de alpargatas al año.
En 1932 nació mi madre,
trabajó para una manada de búfalos
y luego para la «señora».
En 1952 nací yo
llevando a cuestas estas y otras genéticas.
Para mí la historia de España es esto.

Un día decidí sacarme los ojos
y poner los tuyos, doloridos,
en mis cuencas vacías.
Nunca, desde entonces,
he visto el mundo como mío
sino como nuestro.
Y nunca como ahora
lo he sentido tan mío sin embargo.

La escoba como ejercicio de meditación

Mientras barren,
las mujeres piensan
que la vida vuela
como las bolas de polvo erizado
y persiguen el tiempo.
Primero con el hijo a cuestas
luego empujándole para que avance,
limpiando el camino.
Como ellas van siempre detrás de la escoba,
no saben que atrás queda
la huella de sus pies.
Es la señal para la siguiente mujer
que barrerá la siguiente generación.
Mientras barren, las mujeres suelen cantar.

Marisol duerme

Al dios en el que creo le gustan los pastores,
ya ves qué cosa rara.

Los pastores de letras, de estrellas y de cabras.
Los que pastorean hombres que cuidan las
aulagas
y las mujeres fuertes de manos encalladas.

Los pastores que trepan tierra arriba y los perros
que siguen a la zaga manteniéndose firmes
en las viejas cañadas.

Los que trabajan duro cuando despunta el alba
y los que bajan del tajo a escuchar las palabras
de otros pastores viejos que cuentan sus
batallas
al amor de algún fuego que alimenta sus almas.

Al dios en el que creo he venido a contarle
que los perros no ladran y que la leche amarga
espera a una cabrera que venga a trabajarla,
y él me ha pedido silencio con un dedo en los
labios,

mientras le vela el sueño, por miedo a
despertarla.

Ella estaba en la manifestación
mientras fregaba el suelo de la casa,
mientras sellaba la cartilla del paro,
mientras pedía entre la gente,
mientras ayudaba a lavarse al viejo,
mientras segaba el campo,
mientras sacaba carbón del tajo,
mientras recogía las basuras de los otros,
mientras escuchaba las quejas de los invisibles.
Mientras mentalmente,
en un silencio clamoroso, exigía justicia y pan
paseando un poema a modo de pancarta.

Duerme poco y mal.
No son las pesadillas,
son las voces de los viejos
que claman en el desierto.
Se levanta muchas veces,
no les habla, no entienden.
Pone bacinillas, cambia pañales,
afloja correas, da agua,
acaricia un instante
y, cuando se hace el silencio,
arrastra de nuevo el cuerpo
a un sillón relax,
donde ha dormido los últimos años.
El trabajo nocturno
en ese aparcamiento de ancianos
tiene la dureza exacta
para justificar la frase.
«Ganarás el pan con el sudor de tu frente».

Quisieron expropiarme la voz
y me llamaron «mujer».
Intentaron hacerme invisible,
«mujer» de nuevo.
Me educaron sumisa
y volvieron a decirme «mujer».
No es que quiera dejar de serlo,
lo que quiero es sentirme libre e igual,
dejar que me miren
y que sepan que obedezco
pero a mi condición de mujer
antes que a nada.

Han cocinado, frotado, acunado, planchado,
llevado hijos, sujetado padres, consolado
  abuelos,
repartido ternuras, esperado regresos,
disculpado ausencias, acarreado agua,
multiplicado escaseces,
hecho milagros de los panes y los peces,
dibujado sonrisas, aligerado cargas,
intentado conquistas
y además han procurado
no perder su identidad
y ejercer de Eva, pase lo que pase.
Si pusiéramos en fila
la inmensa cantidad de tareas invisibles
que han hecho en la vida,
no habría mundo capaz de contenerlas.

Las mujeres saben

La sangre conoce sin palabras
cuál de sus componentes acudirá
ante una herida abierta,
lo sabe y acude.
Las mujeres de antes
saben, sin palabras,
cuál es su papel tras la muerte.
Se reúnen y recogen ropas,
buscan papeles,
hacen comida para los que llegan,
se encargan de volver a la vida
una casa que parece
el resto de un incendio.
Mientras mueven las piezas
de otro mecano invisible,
lloran, se ríen, hacen bromas
o guardan silencios,
son caminos que conocen bien.

Cociendo arroz

En este momento,
en el silencio de mi cocina
mientras vigilo el arroz que cuece
y escucho gotear un grifo imperfecto,
pienso en mujeres lejanas
que se cuelgan un fusil a la espalda
para adentrase en la selva.
O en las que se cuelgan el hijo
y caminan horas en busca del agua.
O en las que se desvisten
en un cuarto triste, para venderse.
Las desterradas hijas de Eva
del imperfecto mundo que gotea.

Eso que llaman amor
empieza por una entrega gratis,
sigue con un trueque
y con frecuencia termina
en un saldo
o en un se vende por derribo.

Braille

Escuchar al macho alfa
hablar de su propiedad
nombrándola como carne
que le reafirma en su hombría
por dueño y por macho:
«¡Qué buena está mi hembra!».
Y sentir que ella lo celebra
como si fuera un gesto de amor,
mientras de fondo se escucha
la noticia de la última mujer
violentada o muerta.

Él sabe las palabras mágicas,
tiene la llave de tu puerta,
entra cuando quiere, te sorprende y las dice:
«te quiero, sin ti no soy nada,
eres lo único que me importa».
Tú necesitas creerlo
porque nunca nadie te había hecho visible,
porque las mujeres de tu vida
han sido sombras mudas, ciegas
y tú, de pronto, existes para él.
¿Quién puede exigirte que dudes,
que dejen de temblar tus manos
y que no se te derritan las piernas que te
sujetan?
¿Quién se atreve a romperte el corazón
(una vez más)
contándote el final del cuento?
Y aunque lo hicieran,
cómo podrías creer que habrá más noches
tan largas como vidas
y muy pocos amaneceres...

Te quiero, te quiero, te quiero,
como puñaladas dirigidas al vientre.
Primero las palabras dichas con rabia,
luego susurradas por alguien
que cabalga sobre ella sin preguntarle nada.
Luego las palabras dichas entre sollozos,
lamentando lo de ayer, lo de mañana
(porque mañana será otra vez ayer)
y los gritos no la dejarán dormir,
perdona, perdona, perdona.
Y la vida es un callejón sin salida
y la piel duele y las palabras son trallazos
que abren heridas más allá del cuerpo
y ella sólo llora y llora y llora
en un silencio agotador, buscando el sueño
que ya ha guardado en la caja de cartón,
junto al anillo de boda y la foto de él.
Por eso se ha confundido de caja
y ha cogido una con sueños de color azul,
metidos en celditas.
y ahora sí, ahora nota que le pesan los párpados
y viene un príncipe azul.

El chiquillo, con mocos,
que se agarra a sus piernas
es el mismo al que vela
las noches que ella no puede dormir.
Mientras lo ve así,
sumido en el sueño profundo,
le explica por qué ha nacido,
por qué su padre dejó de quererla
cuando él aún estaba en su vientre.
Por qué un día la golpeó hasta que vio sangre.
Por qué ya la había golpeado otras veces
con un silencio impenetrable.
Por qué ella no pudo irse antes,
por qué tuvo que esperar
a que los llevaran a los dos al hospital
y sólo cuando oyó al mocoso preguntar
por qué su padre no le quería,
tuvo valor para marcharse.

Nacidas a la izquierda del padre

Nos han quemado en la hoguera del difunto
marido.
Nos han alejado por impuras.
Nos han condenado a los trabajos más duros.
Nos han bajado de la peana de diosas
dividiéndonos en dos dioses varones.
Nos han lapidado por adúlteras.
Nos han etiquetado como débiles mentales y
físicas.
Nos han utilizado como esclavas del hombre.
Nos han vendido o cambiado por ganado.
Nos han condenado y mutilado.
Nos han violado como carne sin alma.
Nos han hecho creer que agriamos el vino,
secamos las semillas y oxidamos los metales
Nos crearon de la costilla de varón.
Fuimos causa de los males de la tierra.
Nos han impedido decidir si queremos o no
ser madres
y a la vez nos han esterilizado sin permiso
como modo de detener la pobreza
y salvar así el culo del político de turno.
Los varones que lo han hecho

y los que lo han consentido
han olvidado que nacieron de mujer,
inevitablemente.

Algunas noches intentaba recordar
el llanto con el que vino al mundo
porque sabía que era el único
con el que podría explicar su pena.
Nunca había podido llorar
con más justificación.
Aquel llanto que se trajo del paraíso
al que desde entonces
siempre ha querido volver.
El llanto que dejará su huella
junto a todos los llantos
del valle al que llegó aquel día
y que puso nombre al trueno.

A nadie le preocupan las cárceles lejanas
hasta que un europeo está preso en ellas.
Entonces clamamos por los derechos humanos
que parece que sólo a nosotros nos pertenecen.
Una vez liberados por los embajadores
pasamos página y dejamos que ellos
se sigan muriendo poco a poco, sin mirar atrás,
para poder seguir creyendo que tenemos la
razón,
que la verdad es nuestra y que somos justos.

Miro mi cuenta del banco,
por mucho menos
de lo que sumo en ella
un hombre se ha quemado
hasta perder la vida.
Me pregunto cuánto tiempo antes
había dejado de existir
en la mirada del mundo rico
al que pertenecemos,
creyendo que nosotros sí
tenemos derecho a vivir en él.
Algo anda mal, muy mal,
para que alguien se prenda fuego
por cuatrocientos euros
que le permitan volver a su país,
probablemente a morirse de hambre.

Estaba herido, malherido.
Sangraba del lugar donde tuvo una oreja.
El hocico arañado, con sangre reseca
y una pata que enseñaba el hueso.
Tumbado de costado en un suelo sucio,
con las moscas esperando su turno.
El pelo canela, los ojos tristes,
en un sol y sombra, entre la vida y la muerte.
Le acerqué una escudilla con agua.
Al acabar me lamió las manos
y volvió a esconder su pena
para que los hombres no le vieran morir.
Después de todo él era de raza noble,
ni la muerte podría dudarlo.

Una casa donde aparcados
esperan que se acabe la vida.
Si aún podemos llamar vida
a una existencia atada de pies y manos.
Allí donde alguien que se dice humano
golpea, grita, desprecia a los viejos.
Donde, escondido tras una barrera de geranios,
se les degrada a la condición animal.
En esos prostíbulos del alma
donde los ancianos son un negocio
callado, oculto, seguro...

Sanidad pública

Los ancianos se demencian
por encima de sus posibilidades.
Los paralíticos lo son
por encima de sus posibilidades.
Tengo miedo de enfermar yo también
por encima de mis posibilidades.

Adentro alguien hablaba de Dios
en una penumbra espesa.
Afuera el sol,
el trino libre de los pájaros,
el cauce alegre de una acequia,
el labrador en la espiga,
un anciano doblado
asomado a la ventana de un asilo
y de frente otra ventana,
la de un hospital.
Allí, clavado en una cama,
el dolor, la soledad de Dios,
sin voz.

A Cantín

El hombre contuvo el aliento,
la lente se fue licuando,
la esperanza se escribió en un libro
cuyas páginas nadie ha visto.
El buitre también esperaba
al inocente que iba dejando la vida
en un reguero silencioso,
apenas piel y huesos serían su bocado.
El hombre disparó,
el objetivo capturó la imagen
que le daría la gloria,
pero el certero disparo se volvió contra él
en un solitario lugar
donde no pudo reconocerse
en tiempo de paz.

No fuiste tú quien se quitó la vida,
cada día te lo iré repitiendo
porque me escuchas, callada ahora, por fin en paz.
Fue la vida que no quiso oírte,
que no te hizo el hueco que tú te merecías.
Porque tú eras más que lo que ella te daba.
Tú eras, no sólo tu vida, también la mía.
No te apenes ya, no sufras,
no hiciste nada mal, no te culpes más.
Este dolor es mío,
lo vivo entreverado con la certeza
de mi suerte por haberte nacido.
Lo siento porque dos veces
me abrieron las entrañas,
una para traerte, otra para llevarte,
pero es mío, no llores tú
que sólo alegrías me diste con tu llegada.
No fuiste tú quien se quitó la vida,
no fuiste tú quien me causó dolor,
es la vida que no supo oírnos llorar juntas.

Para Isabella

Sólo una madre es capaz
de enterrar a su hijo
y poner junto a él
un manual de instrucciones
para aprender a volar.
Y después decide
volver a la vida que le espera.

Para Mónica

A veces me visita, se sienta frente a mí
y me mira silenciosa.
Yo esquivo como puedo la punzada de sus ojos,
trasteo con las cosas, hago ruido con ellas,
las cambio de lugar.
Pongo música, la radio, enciendo el televisor,
abro las ventanas, en un intento vano de escapar.
Ella espera paciente, como una madre
el regreso del niño que escapa del baño.
Al final sus ojos son tiernos,
me mira risueña y las manos cruzadas
sobre el halda, se parecen a las mías.
Así que acabo por sentarme
y compartimos el silencio.
A la tristeza no le gusta estar sola.

Entra el sol por la ventana,
el sol que ha secado la colada
que ahora se amontona
esperando que alguien la ordene.
Mecánicas, las manos, estiran, alisan, doblan
de grande a pequeño.
Quedan los calcetines como cuerpos sin vida.
Uno a uno, los recoge, les da la vuelta,
como se da la vuelta a un calcetín,
y los va emparejando.
Ahora parecen de nuevo vivos.
Si fuera tan sencillo
que alguien diera la vuelta al mundo
para que lo sobrante alcanzara los lugares
donde nunca llega el reparto.

Oficina de empleo

Acude a la oficina de empleo.
Hace fila durante horas.
Cuando entra, le levantan el belfo
para mirar su dentadura,
revisan sus herrajes,
sólo si lo ven capaz como animal de carga
conseguirá un empleo.
Hasta para arrastrar cadenas
hay que estar en forma.

Constitución

Le obligaron a aprender la Constitución
para optar a un trabajo de esclavo.
No debería extrañarles
que, sabidos los derechos que prometen,
los esclavos se rebelen
cuando los que mandan se los roban.

Trabajo por la voluntad

Cartel:
«Se hacen todo tipo de trabajos,
se cobra la voluntad».

No nos va a quedar más remedio
que enfrentarnos a nosotros mismos
y ver hasta dónde nos llega la voluntad.
Cuando nos tocan el bolsillo
¡se nos caen las pancartas, tantas veces!

Análisis

A ella le acaban de sacar sangre,
sujeta un algodón en su brazo.
El hijo le sujeta a ella
el abrigo, la bufanda, el bolso, las gafas...
¿Tomaste por fin la pastilla ayer?
Hoy no puedo acompañarte a la consulta,
dile al médico que por teléfono,
si tiene algo que decirte, podemos hablar.
Ayer tuve un día tremendo,
tenemos a dos de baja, uno de vacaciones,
tremendo, tremendo...
Me pisaron una noticia
que tenía que haber dado yo,
la dieron otros antes...
Me supo mal, ¿sabes?,
estuve todo el día enfadado,
enfadado conmigo, conmigo...
Que no pasa nada, me decían,
pero sí pasa, sí pasa...
¿Cómo andas de naranjas?
La madre se mira, sin prisa,
el pinchazo por donde salió la sangre,
la vida... Sólo eso.

Cirugía

En la consulta de rehabilitación
un hombre derrengado,
trabajador de la construcción,
que por su edad y aspecto no volverá a trabajar
si no es en negro y como esclavo,
espera y habla: «estoy en paro
y la mutua no paga un puto euro».
La fisio le pone «corrientes» e infrarrojos,
él no nota la mejoría.
Desde mi sitio veo con claridad
que es un claro caso de cirugía:
lleva, clavadas en sus lumbares,
dos cospedales con fisuras,
un mariano inflamado,
tres bárcenas infectados
cuatro borbones necrosados
y un aquí te pillo aquí te mato,
todo esto y más,
sin anestesia.

Conciencia de clase

Entre ustedes y yo, señores ministros,
hay algunas diferencias.
Ustedes me mienten
porque suponen que soy idiota
y sin embargo yo estoy segura
de su escasa inteligencia.
Ustedes creen que ganarán siempre
y que están a salvo
pero yo estoy segura de justo lo contrario.
Ustedes no tiemblan
cuando firman condenas de muerte en vida
y sin embargo yo no sería capaz de hacerlo
ni siquiera contra ustedes.
Ustedes no conocen límites para la codicia
pero yo tengo muy claros los míos
porque en ello estriba
mi posibilidad de obtener
la mayor de mis riquezas.

Àfrica se desdibuja, se expande,
desangrada, salta fronteras
y Europa se despierta asustada,
se mira la piel cada mañana
para asegurarse
de que sigue siendo blanca.

Sudán del Sur.
Una letrina para cuatrocientos,
un litro de agua al día para veinte.
Encuentra, si puedes,
un sólo verso
y empieza un poema.

Gurugú

He soñado que caminaba por el monte oscuro
donde hombres oscuros sobreviven
sabiendo que son moneda de cambio entre
    países,
que son el oscuro lugar de las conciencias
    blancas,
que son un cero más en algunas cuentas
    corrientes
y un cero a la izquierda de los gobiernos.
Que son seres humanos tratados como bestias
y que si fueran galgos los colgarían
sin que les temblara la mano.

La elegancia de lo sencillo,
de lo austero y su belleza,
me asombra en los campos
de tus ojos que me hablan.
Desnudo de otras cosas,
sin pan que llevarte a la boca,
sin futuro ni ayer.
Aún me ofreces en esos lagos
que me miran, inquietos,
toda la serena esperanza
de que en mi mano esté
el cuenco de agua clara
que calme tu sed
y una sonrisa blanca
enmarca el doliente paisaje
del hambre y la miseria
del que somos culpables.

Cusco

Los perros callejeros en Cusco
levantan el día con sus peleas
marcando territorio.
Se preparan para la vida,
despiertan al hombre
y le avisan de que él también
tendrá que morder para sobrevivir.

Pocas cosas tan desoladoras
como un perro en mitad de la nada.
Bueno, sí, más desolador
un niño pidiendo
entre la multitud de turistas
que lo hacemos invisible.

Equilibrio

El mundo se inclina peligrosamente
hacia su lado peor, me temo.
Tendré que poner mi mundo
justo al lado contrario, para equilibrar.
Y no me vale lo de que yo no peso lo suficiente,
cada uno de los insuficientemente pesados
puede sumarse
y si de algo estoy convencida
es de que somos muchos más.

Siguen llenándose las consultas de los
psiquiatras.
Un país sostenido con drogas legales
para adormecer al pueblo
es una triste victoria
para cualquier gobierno.
Mientras, los que mandan
lo hacen también bajo el efecto
de drogas, pero éstas de diseño.

Incandescencia

Te vas a quemar, me avisan...
Imposible,
yo ya me quemé,
esto que ves son mis cenizas
que permanecen, eso sí, incandescentes.

Ruinas

Entré en las ruinas que me ocupaban,
lo recuerdo muy bien.
Fue una mañana de cielo naranja y un poco gris.
Llevaba para entonces muchos de mis insomnios
y algunas herramientas para después de las batallas.
Todas eran mías, ninguna prestada.
En las ruinas y los derribos, suele haber silencio,
una inquietante ausencia de sonidos.
Mirar alrededor me hizo aún más pequeña.
Levanté el primer desconchón
de la más antigua de mis paredes,
lo miré con una sonrisa,
había pasado ya tanto tiempo
que me pareció hermoso ahora
lo que fue una terrible brecha entonces.
Fui reconociendo cuanto encontré a mi paso
y arreglé, lo mejor que supe, aquel espacio,
para que volviera a entrar en él
la vida que ahora me habita.
He decidido quedarme aquí a vivir.

Uno

Ahora lo sé,
la salvación sólo existe a solas
con todos vosotros.

Yo ya fui
y me repito en ti
con cada movimiento de la Tierra.
Ese movimiento
con el que se cubre lo animal
y el mismo que hace concebir
en su infinito vientre
lo que no conocemos:
esa intuición del otro en mí
tantas veces desatendida.

Si las palabras sólo sirven para atar,
para rellenar vacíos,
para aparentar cercanía,
para nombrar objetos inútiles,
para engañar, para mentir, para tergiversar,
reniego de ellas, me acojo a los silencios
en los que podamos escucharnos.

Poetas

Tal vez el poeta inventa
modos de sustentarse, de sujetar la vida,
cosa tonta sabiendo que todos moriremos.
Mientras, las mentes poderosas, las útiles,
inventan maneras limpias
de deshacerse de lo no productivo:
pobres, poetas...
¡Pobres poetas!

La serena tristeza de los que ven,
más allá del dolor universal,
el opuesto a la vez
y se hacen llamar iguales por la vida
que sólo es latido.

Desaprenderme,
desabrocharme,
desperezarme,
para no desesperanzarme,
para elegir cada día
un nuevo modo
de hacerme más humano,
de regresar a casa.

¿Qué hiciste en tu vida?
Caer y levantarme.
Aprender a curar rodillas magulladas.
Echar remiendos en los desgarros.
Inventar menús para los que tenían hambre.
Caer y levantarme.
Escuchar los gritos silenciosos del miedo.
Hacer hueco para que cupieran todos.
Sumar y multiplicar la alegría de diario.
Restar y dividir la angustia y la tristura.
Abrir puertas.
Caer y mirar desde ahí.
Caer y levantarme.

La perversión consiste
en convencernos
de que la bondad
equivale a la estupidez.

¿Queda alguien?

¿Queda alguien que cuide su espacio
porque se siente responsable de ese préstamo?
¿Queda alguien que haga su trabajo
con la conciencia de mejorar el mundo?
¿Queda alguien que viva el amor
como su verdadera naturaleza de ser humano,
que ame y se esfuerce en amar mejor
cada mañana al levantarse?
¿Queda alguien que no se alce
sobre el que parece más débil
para creer que ha crecido?
¿Queda alguien que no intente dominar,
que resista esa tentación?
¿Queda alguien que escuche los latidos del
 corazón
en lugar del sonido de la bolsa?

A veces, me paro
justo cuando voy a escribirte.
Tengo la sensación
de que todo está ya dicho
y que añadir sería una torpeza.
A veces, me gustaría
saber escribir silencios fabulosos
que retumbaran
como si fueran los gritos
de la humanidad entera.
Por acercarme, por que me sintieras.

Fuera de serie

Nunca me ha gustado llevar
un número grabado,
ni siquiera el número uno.
Prefiero ser una fuera de serie.

Vivir con amor
mi divina insignificancia,
en eso consiste la felicidad.

Nacer arroyo, aprovechar los arroyos
que se suman a tu caudal
y llegar al mar teniendo algo que aportar.

Con el tiempo...
Algunas veces... todos los caminos llevan a
Roma.
Kapuściński, Séneca, Mestre, Orihuela,
Riechmann, mi abuelo...

Se detiene la mente,
llega la calma,
el final del camino.

La meta

La maravilla de saber
que donde ya estoy
es justo donde quería llegar.

Podría haber nacido pez,
pero nací luz y aire,
ambas cosas
para acudir siempre a tu encuentro.

Índice

Este libro se terminó de imprimir
el 2 de julio de 2024,
ciento un años después
del nacimiento de la poeta
Wisława Szymborska.

Títulos publicados

PREGUNTA
ediciones

Relatos

Las pérdidas rojas. Chusa Garcés
Cuentos detrás de la puerta. Begoña Abad
Amor, blanco roto. Chusa Garcés
Letras de tinta. Lourdes Aso Torralba
Baños de Panticosa. Premios Literarios. Varios autores
Sobreexposición. Laura Bordonaba Plou
Desde el otro lado. Prosas concisas. Fernando Aínsa
Buscando los orígenes de aquello. Irene Achón, María Jesús Artigas, Alberto Delmalo, Ana García, Coral González, Anabel Hernández, Aitana Muñoz, María José Pardo, Eva Pardos, Elisa Pérez, Manuel Pinos, Pilar Royo
Brioleta. Encuentro de escritoras aragonesas. Lourdes Aso Torralba, María Pilar Benítez Marco, Elena Gusano Galindo, Chusa Garcés, Blanca Langa Hernández, Angélica Morales, Marta Navarro, Almudena Vidorreta
Los soñadores. Roberto Malo
Bilbilitanos en la historia. Ricardo Ramos Rodríguez
El dolor del cristal. Sergio Royo
Polar. Laura Bordonaba Plou
La prueba final y otras historias cortas. Ganadores del Certamen de Cuentos y Relatos Breves Junto al Fogaril
Viviendo en tiempo brutal. Sergio Royo
Contemplación. Franz Kafka
Zaragoza turbia. José María Tamparillas
Sabor metálico. Eva Pardos Viartola
Cuentos esféricos. Chema González
Canciones tristes que te alegran el día. Miguel Mena
Todo es agua. Begoña Fidalgo
Mar de lejos. Manuel Pinos
Y de repente esta lluvia. Sergio Royo
De bares y mujeres. Marta Armingol, Olga Asensio, Laura Bordonaba Plou, Clara Castán Ibarz, Begoña Fidalgo, Paula Figols, Chusa Garcés, Magdalena Lasala, Elvira Lozano, Rosa Martínez, Angélica Morales, Eva Pardos Viartola, Clara S. Mendívil, Laura Serrano
Diáspora. Isabel Gutiérrez Cía
Relatos de La Flama. María Jesús Artigas, Emilia Bayod, Marta Gascón, Clara Járboles, Merche Llop Alfonso, Abraham José Mendoza Diloy, Eva Pardos Viartola, Alfredo Pérez, Elisa Pérez Ibarra, Manuel Pinos, María José Sanjuán, Wenceslao Varona López, Gloria Verdoy
Un martes cualquiera. Laura Latorre Molins
Con voz y voto. Pioneras americanas del relato social y la ciencia ficción y tres piezas del teatro sufragista británico. Edición de Isabel Alquézar y Berta Lázaro
Todos los crímenes del mundo. Sergio Royo

Novela

El último concierto de David Salas. Roberto Malo
Crónica de un deseo. Antonio Ventura
Verde mar del norte. Clara Castán Ibarz
La brújula del universo. Mario de los Santos
El eco entre la bruma. Ricardo Ramos Rodríguez
Las sombras del Imperio. Ricardo Ramos Rodríguez
La movida que te salvó. Mariano Pinós
Merecer la vida. Laura Serrano
Cariñena. Antón Castro
Los días blancos. Marta Armingol
Declive. Fernando Rivarés
Canciones ligeras. Miguel Mena
Hannibaal. Miguel Carcasona
Inventario de monos. Galgo Cabanas (Mario de los Santos y Óscar Sipán)
De viento y sal. Clara S. Mendívil
Jimena. Magdalena Lasala
Catorce. Paula Figols
El silencio y su canción. Ángel Gracia
Marta. Víctor Juan
La nota muerta. Rosa Martínez
Para cenar, aire. Pedro Bosqued
Las batallas perdidas. Jaime Tomás
La fugitiva. Clara Járboles
Alcohol de quemar. Miguel Mena
La casa de los dioses de alabastro. Magdalena Lasala
Tristán. La ética del monstruo. Javier Romero Collazos
Puente de Hierro. Miguel Mena
Máscara. Ricardo Ramos Rodríguez
Leopardos en el diván. Gonzalo Fontana Elboj
Lucífugo. José María Tamparillas
Bendita calamidad. Miguel Mena
La estirpe de la mariposa. Magdalena Lasala
El colapso de la colmena. Julia Jiménez Carrera
Los Hijos de Hura. Abdelrahim Kamal
Dinero caído del cielo. Reyes Salvador
No podría estar más contenta. Marisol Aznar y María Frisa
Leitmotiv. Sergio Sarsa
Profanación. Ramón Acín
Onda Media. Miguel Mena
Proyecto Sada. Javier Gastón
La vista atrás. Laura Serrano
Pájaros azules en Roma. Miguel Ángel Nievas

Poesía

Litiasis. Manuel M. Forega
Todas las religiones son una / No hay religión natural. William Blake
Estoy poeta (o diferentes maneras de estar sobre la Tierra). Begoña Abad

AntiaéreA. Encuentro poético en Zaragoza. Carmen Camacho, Alicia García Núñez, Marta Navarro, Chus Pato, Inés Povar, Miriam Reyes, Sandra Santana, Hermanas del Hambre (Elisa Berna y Charo de la Varga)
Todo estalla dicho. Elvira Lozano
La experiencia de la poesía. Ángel Guinda
AntiaéreA II. Poesía encontrada en Zaragoza. Ajo, Eva Antón Bravo, Zhivka Baltadzhieva, Isabel Bono, Javier Corcobado, Cristina Járboles, Laia López Manrique, David Mayor, Carmen Ruiz Fleta
Diez años de sol y edad (Antología 2006-2016). Begoña Abad
Alud. Javier Fajarnés Durán
Los países de piedra. Pablo Javier Pérez López
Existe algún lugar en donde nadie. Juan Pablo Roa
Te mataré mientras vivas (Coronación supersónica). Raúl Herrero
La ciudad y el cuchillo. Javier Fajarnés Durán
Vidrieras. Laurent Tailhade
El tiempo de las alambradas. Antología poética. Antonio Orihuela
Esta vida verde. Antología poética. Lyn Coffin
Las palabras son nocivas. Antología poética. Amador Palacios
Las locuras ya no son locuras. Antología poética. Ferruccio Brugnaro
El techo de los árboles. Begoña Abad
Satirologio. Epigramas del siglo XXI. José Verón Gormaz
Caballo de mina. Gerardo Vacana
Big Bang. José Luis Esteban
Los signos en el agua. Noventa y nueve poemas. Joaquín Sánchez Vallés
Avanza el olvido. Javier Ramón Jarne
Fábrica de la seda. Miguel Ángel Curiel
Casa junto al arrecife. Enrique Ariño Gil
Trivium. Marcos Castillo Monsegur
El lenguaje de las ballenas. Begoña Abad
El libro de horas. Rainer Maria Rilke
Gran Guiñol. Miguel Ángel Ortiz Albero
Cantares y presagios. José Verón Gormaz
Marcha por el desierto. Sandra Santana
Una guitarra de contrabando. Gerardo Vacana
Diccionario de garzas y de mirlos. Pablo Javier Pérez López
Piedra y tijeras. Nacho Tajahuerce
#MedeaHaVuelto. Angélica Morales
Madres. Begoña Abad
Todas las moradas de mi aliento. Jacques Meylan
Razón de espera. Rafael Lobarte Fontecha
Poesía. Guido Cavalcanti
Tránsito. María Pilar Martínez Barca
Viejo. Sergio Gómez
Barro. Miguel Ángel Curiel
Historia del mundo antiguo. Joaquín Sánchez Vallés
Este día, este momento. Juan Pablo Roa
El miedo del doble a la soledad. Rosa Martínez
Un vuelo sin la mecánica adecuada. Pecker

Brioleta volumen 2. Poesía aragonesa en femenino. Carmen Aliaga, María Pilar Benítez Marco, Mar Blanco, Marta Domínguez Alonso, María Dubón, Ana Giménez Betrán, Reyes Guillén, Blanca Langa Hernández, Angélica Morales, Trinidad Ruiz Marcellán, Helena Santolaya y Carlota Urgel
Entre el huerto y el corral y otros versos. Gerardo Vacana
Cantar cuarenta. Cancionero completo 1983-2023. Gabriel Sopeña
Sálvida. Sofía Díaz Gotor
La fuerza de la tierra. Paula Martínez
Ahab. Antología poética. Carlos Ramos
Enseres del invierno. Miguel Carcasona
A la izquierda del padre. Begoña Abad
La muerte se llama Juan. Joaquín Sánchez Vallés
Y ¡PUM! Un tiro al pajarito. Sandra Santana

Libro ilustrado

El dibujante de relatos. Antón Castro y Juan Tudela
La península de Cilemaga. Helena Santolaya
Marcianos. Sergio Algora y Óscar Sanmartín
La odisea de Fortunato. Pere Inglés y David Girón

No ficción

Reconstrucción. Miguel Ángel Ortiz Albero
Sahara Occidental. Cuarenta años construyendo resistencia. Varios autores
Residencia y tránsito de las letras en Aragón. Fernando Aínsa
Diario de campo de un psicólogo en un club de fútbol. Luis Cantarero
Marcelino. Muerte y vida de un payaso. Víctor Casanova Abós
Aragón en el sistema solar. Carlos Garcés Manau
Los poetas malditos. Paul Verlaine
Poetas y poéticas. Ensayos. Amador Palacios
Del espejismo de la revolución a la venganza de la victoria. Guerra y posguerra en Barbastro y el Somontano (1936-1945). José María Azpíroz Pascual
Nerín. Memorias compartidas. Varios autores. Edición de Rafael Latre
Sahara Occidental. Del abandono colonial a la construcción de un estado. Varios autores
El hombre elefante. Frederick Treves
Pasaron por aquí. Antón Castro
Nacer para aprender, volar para vivir. Un acercamiento a la poesía de Begoña Abad. José María García Linares
¡Cállate, papá! Padres y violencias en el fútbol industrial. Luis Cantarero
Metodologías activas en el aula. Innovación educativa para fomentar el aprendizaje Significativo del alumnado. Pablo Usán Supervía y Carlos Salavera Bordás (coords.)
Gamificación educativa. Innovación en el aula para potenciar el proceso de enseñanza-aprendizaje. Pablo Usán Supervía y Carlos Salavera Bordás (coords.)
El viaje exterior. Ensayos censores IV. Manuel Martínez-Forega
Teruel. Otra dimensión. Juan Villalba Sebastián
Opiniones de mujeres. María Domínguez
La guerra de los robots. Cómo la tecnología está cambiando los conflictos armados. Francisco Rubio Damián
La escritura por venir. Ensayos sobre arte y literatura en los siglos XX y XXI. Sandra Santana

La vida al alcance de la mano. La discapacidad a través de mi historia. Álex Sánchez
El viaje exterior. Ensayos censores v. Manuel Martínez-Forega
El camino de la serpiente. Escritos ocultistas. Fernando Pessoa
La jota, aragonesa y cosmopolita. De San Petersburgo a Nueva York. Marta Vela
El bazar infinito. Rutas y mares entre Oriente y Occidente. Alberto Cebrián
Ríos que mueren sin mar. Viaje por las culturas de Asia central. Enrique Ariño Gil
Humanizar el fútbol. Deporte y transformación social. Julio Salinas y Luis Cantarero (coords.)
Tú eres antes que todo. Correspondencia de Ramón Acín y Conchita Monrás. Víctor Juan
Adolescentes del siglo xxi. Técnicas de liderazgo parental. Marisa Felipe
Aurora y la celiaquía. Laura Marín
Zaragoza. Historias de ida y vuelta. Miguel Mena
Aragón. Formas de ser. Miguel Mena
Viaje al mar. Diario de un nabatero. Kike Fernández
Un violinista en el Titanic. Tribulaciones de un heterodoxo. Ángel Garcés Sanagustín
Diario del último año. Florbela Espanca
Juan de Velasco, primer maestre de campo de la Ciudadela de Jaca. Marcos Mayorga
Creatividad de andar por clase. Asunción Porta
Albarracín. Un viaje en el tiempo. Juan Villalba Sebastián
Diálogos en cautividad. Antón Castro
Deambulatorio. Miguel Ángel Ortiz Albero
Mauricio Aznar y Almagato. La historia. Jaime González
Máquinas que cuentan historias. La inteligencia artificial y la literatura del futuro. Varios autores
Cincuenta estaciones europeas. Catedrales de la modernidad. Alfonso Marco
La jota, aragonesa y liberal. Zaragoza, Madrid y París. Marta Vela

Infantil

La Dama, el Duende y el Rey. Tres leyendas aragonesas. Roberto Malo, José María Tamparillas, Daniel Tejero y David Guirao
Moflete, el elegante. Agustín Porras y Arturo García Blanco
La ardilla poeta y el futuro del planeta. Pilimar Aguilar y Xcar Malavida
Moflete ya sabe contar. Agustín Porras y Arturo García Blanco
Agentes del futuro. María Frisa y Xcar Malavida
Minicó dice no. Nerea Mur
El príncipe que cruzó allende los mares. Roberto Malo, Francisco Javier Mateos y David Guirao
De tu abrazo a las estrellas. Victoria Alcalde y Ruth Alarcón
Mocoloco y Flemalarga. Nines Barcelona y Nerea Mur
San Jorge y el dragón. Daniel Nesquens y David Guirao
Antes de las nueve. Pablo Ferrer, Paula Figols, Marina Santos, Christian Peribáñez y Zaira Andrés
Erny, el monstruo de la Laguna Negra. María Álvarez e Irene Campos
Lex, el Tiranosaurio Rex. Roberto Malo, Daniel Tejero y Blanca Bk
La ardilla poeta y su libro de recetas. Pilimar Aguilar y Xcar Malavida
Un viernes soleado. Pepe Serrano y Raquel Samitier
Mika, el niño fantasma. Daniel Tejero y Bernal